Johanna Barbara Sattler

Übungsheft für Linkshänder

Abbildungsverzeichnis

Zeichnungen

Sibylle Weimer-Weinbrenner, Günzburg: Seite 5–17 (Fruchtzeichnungen), 18–21 (Schrift), 35, 38, 40, 42

Professor Angelika Benamara-Nordmann, Berlin: Entwurf der Schmuckblätter Seite 18–22

Dr. Johanna Barbara Sattler, München: Seite 5–17 (Nachspurübungen), 25–33 (Schneideübungen)

Angelika Brauner, Tutzing: Seite 23

Fotos

Dr. Ivo-Kurt Cizek (36 l.)
Dr. Johanna Barbara Sattler (36 o. r., 36 u. r., 37)

Autor der Geschichte vom Zauberbaum: Dr. Ivo-Kurt Cizek

In diesem Werk sind nach dem MarkenG geschützte Marken und sonstige Kennzeichen für eine bessere Lesbarkeit nicht besonders kenntlich gemacht. Es kann also aus dem Fehlen eines entsprechenden Hinweises nicht geschlossen werden, dass es sich um einen freien Warennamen handelt.

17. Auflage 2025
© 1997 Auer Verlag, Augsburg
AAP Lehrerwelt GmbH
Alle Rechte vorbehalten.

Das Werk als Ganzes sowie in seinen Teilen unterliegt dem deutschen Urheberrecht. Der*die Erwerber*in der Einzellizenz ist berechtigt, das Werk als Ganzes oder in seinen Teilen für den eigenen Gebrauch und den Einsatz im eigenen Präsenz- oder Distanzunterricht zu nutzen.

Produkte, die aufgrund ihres Bestimmungszweckes zur Vervielfältigung und Weitergabe zu Unterrichtszwecken gedacht sind (insbesondere Kopiervorlagen und Arbeitsblätter), dürfen zu Unterrichtszwecken vervielfältigt und weitergegeben werden. Die Nutzung ist nur für den genannten Zweck gestattet, nicht jedoch für einen schulweiten Einsatz und Gebrauch, für die Weiterleitung an Dritte einschließlich weiterer Lehrkräfte, für die Veröffentlichung im Internet oder in (Schul-)Intranets oder einen weiteren kommerziellen Gebrauch. Mit dem Kauf einer Schullizenz ist die Schule berechtigt, die Inhalte durch alle Lehrkräfte des Kollegiums der erwerbenden Schule sowie durch die Schüler*innen der Schule und deren Eltern zu nutzen. Nicht erlaubt ist die Weiterleitung der Inhalte an Lehrkräfte, Schüler*innen, Eltern, andere Personen, soziale Netzwerke, Downloaddienste oder Ähnliches außerhalb der eigenen Schule. Eine über den genannten Zweck hinausgehende Nutzung bedarf in jedem Fall der vorherigen schriftlichen Zustimmung des Verlags.

Sind Internetadressen in diesem Werk angegeben, wurden diese vom Verlag sorgfältig geprüft. Da wir auf die externen Seiten weder inhaltliche noch gestalterische Einflussmöglichkeiten haben, können wir nicht garantieren, dass die Inhalte zu einem späteren Zeitpunkt noch dieselben sind wie zum Zeitpunkt der Drucklegung. Der Auer Verlag übernimmt deshalb keine Gewähr für die Aktualität und den Inhalt dieser Internetseiten oder solcher, die mit ihnen verlinkt sind, und schließt jegliche Haftung aus.

Autor*innen: Johanna Barbara Sattler
Satz: tebitron gmbh, Gerlingen
Druck und Bindung: Druckerei Joh. Walch, Augsburg
ISBN 978-3-403-**02925**-0

www.auer-verlag.de

Inhalt

Einführung 4

Nachspurblätter 5

Übungsblätter zum Schneiden 23

Anwendungshinweise zum Einüben einer lockeren Mal- und Schreibhaltung mit links

1. Schreibunterlage für Linkshänder 35
2. Nachspuren zum Erlernen der Schreibhaltung 36
   - Übungsdauer 36
   - Übungen mit größeren Papierformaten 36
   - Ergänzende Übungen: Schneiden mit links 37
3. Freude – eine unerlässliche Notwendigkeit für den Erfolg 37
4. Nachspurübungen bei der Rückschulung von erwachsenen umgeschulten Linkshändern 37
5. Positive Verstärkung durch Belohnung – Der Zauberbaum 37

Anhang

Literaturverzeichnis 44

Einführung

Dieses Übungsheft ist für linkshändige Kinder sowie für umgeschulte erwachsene Linkshänder entwickelt worden, die sich wieder auf das Schreiben mit ihrer linken Hand zurückschulen möchten.

Kinder sollten die Nachspurübungen unter Anleitung von Eltern, Erzieherinnen, Erziehern, Ergotherapeutinnen, Ergotherapeuten, Heilpädagoginnen, Heilpädagogen oder Lehrerinnen und Lehrern durcharbeiten.

Für sich rückschulende umgeschulte Linkshänder können diese Übungen sehr hilfreich sein, da sie sich erst an die neue Blattlage gewöhnen müssen, die bestimmte eingeübte visumotorische Muster stört bzw. irritiert.

Ziel ist die wirksame Unterstützung des Erlernens einer lockeren, unverkrampften Körperhaltung bei den Nachspurübungen als Vorbereitung für das Schreiben und als Begleitung beim Schreibenlernen.

Für manches Kind kann es auch sinnvoll sein, zunächst die etwas einfacheren Übungen „Schreibvorübungen für Linkshänder mit Jobasa" zu bearbeiten. Dort werden die Formen der Anfangsbuchstaben der Tiernamen mit einem passenden Bild verbunden und durch Schwung- und Nachspurübungen vorbereitet. Dabei wird der Buchstabenablauf, wie er in der Schule später gelehrt wird, vorbereitend geübt.

Des Weiteren sollen durch die Übungsblätter zum Schneiden den Kindern Angebote gemacht werden, automatisch von der richtigen Seite her zu beginnen und ihnen so das Schneidenlernen zu erleichtern.

Im Anschluss an die Übungsblätter zum Nachspuren und zum Schneiden enthält das Heft einen sehr knappen praxisbezogenen Auszug über die Schreibhaltung aus dem Buch „Übungen für Linkshänder. Schreiben und Hantieren mit links" und es stellt so auch eine Ergänzung dar. Auf die 2011 neu erarbeitete Schreibtischauflage für Linkshänder DESK-PAD LEFTY®, mit der Vorgabe von einem größeren Neigungsgrad des Blatts, wird in den Anwendungshinweisen eingegangen und diese Alternative begründet.

Deswegen werden hier alle Nachspurübungen anwendungsfreundlich in Originalgröße abgedruckt, sodass in einem angenehmen Heftformat geübt werden kann, ohne spezielle und uneinheitliche Kopien machen und das andere Buch immer dabeihaben zu müssen. In jenem hingegen finden sich ausführliche Erklärungen. Der Umgang mit der Schreibunterlage für Linkshänder ist dort mit zahlreichen Abbildungen veranschaulicht.

Auch die Geschichte vom Zauberbaum des linkshändigen Aljoscha wird hier abgedruckt. Mit ihr ist ein motivationssteigerndes Belohnungssystem verbunden, das gerade die manchmal verträumte Fantasie vieler linkshändiger Kinder fördert und zu einem positiven emotionellen Bezug zu dem Erlernen einer lockeren Schreibhaltung anregt.

Dr. Johanna Barbara Sattler

Nachspurblätter

Blatt 3

Blatt 4

Blatt 6

Blatt 5

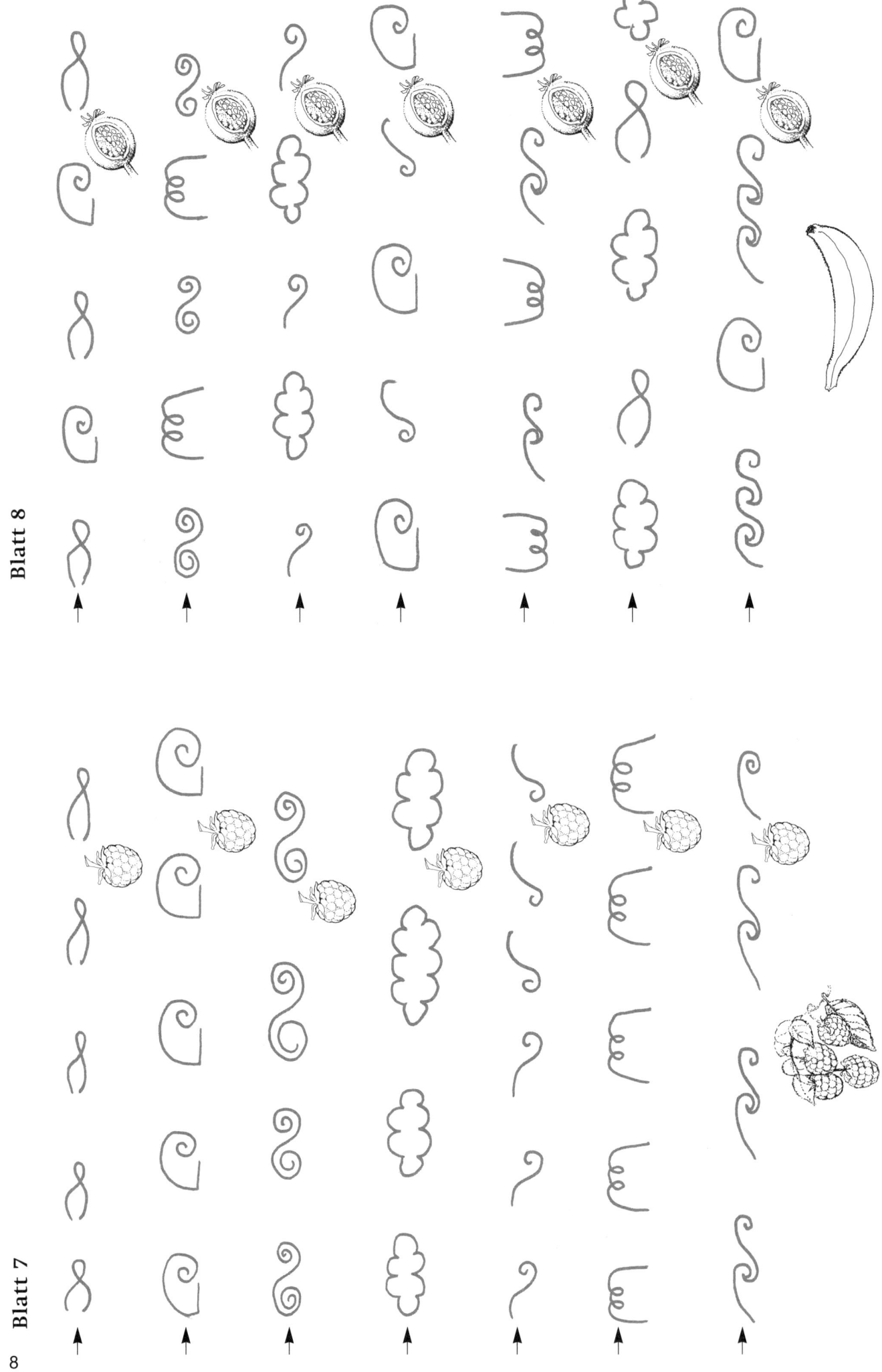

Blatt 8

Blatt 7

Blatt 10

Blatt 9

Blatt 11

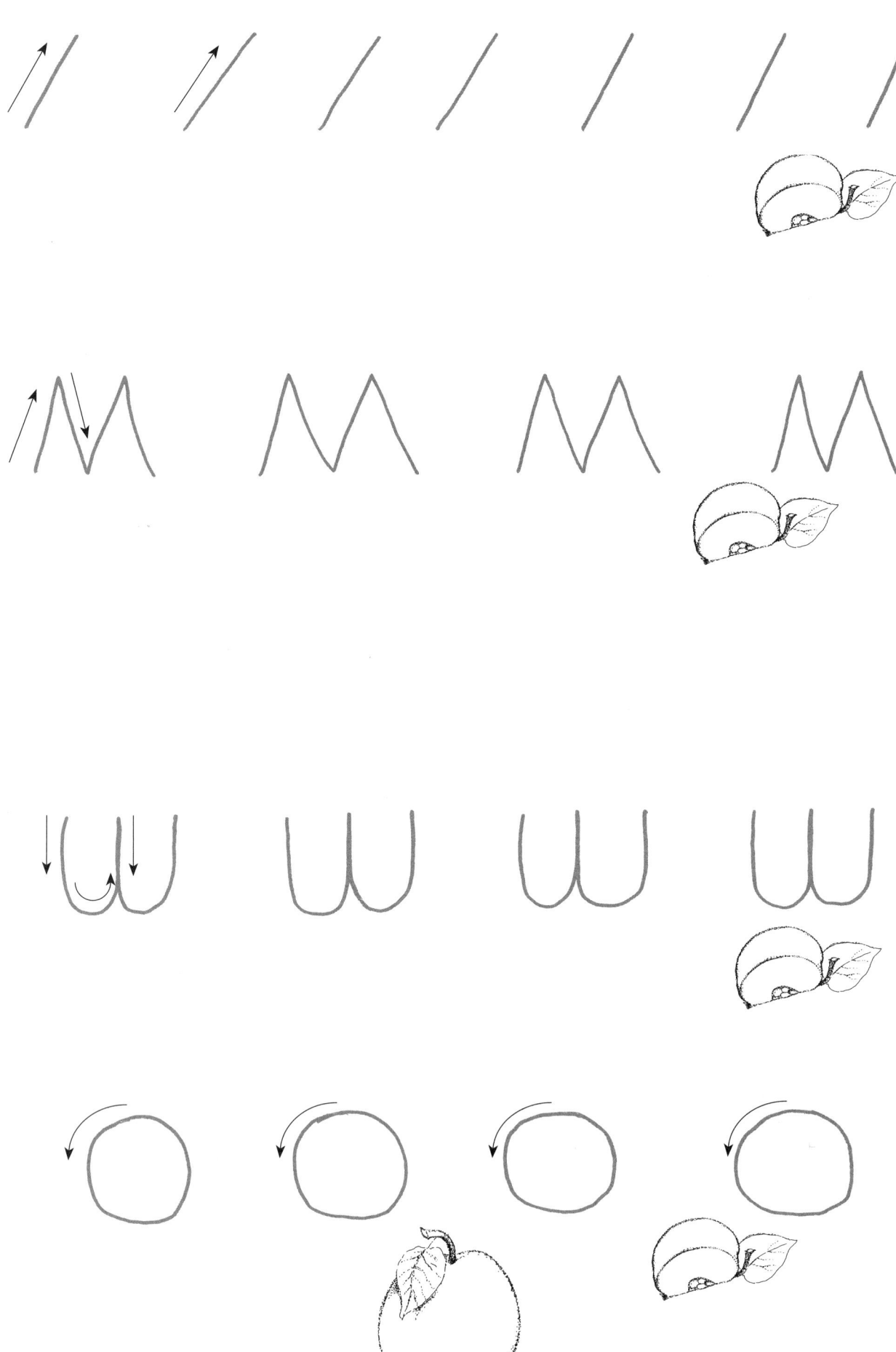

Blatt 12

Blatt 13

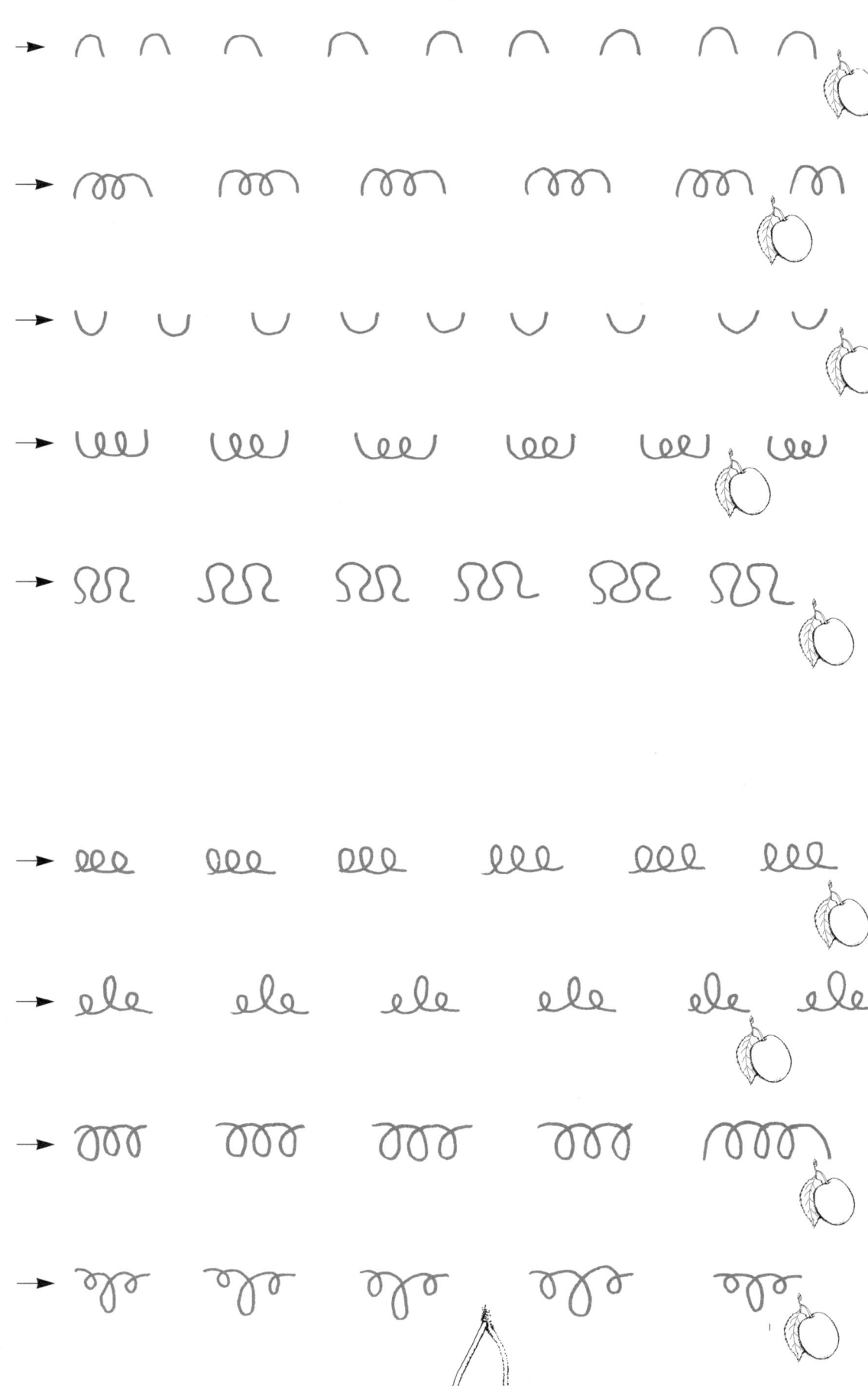

Blatt 14

Blatt 15

Blatt 16

Blatt 18

Blatt 17

Blatt 20

Blatt 19

Alles Gute
von

Herzlichen Glückwunsch zum Geburtstag

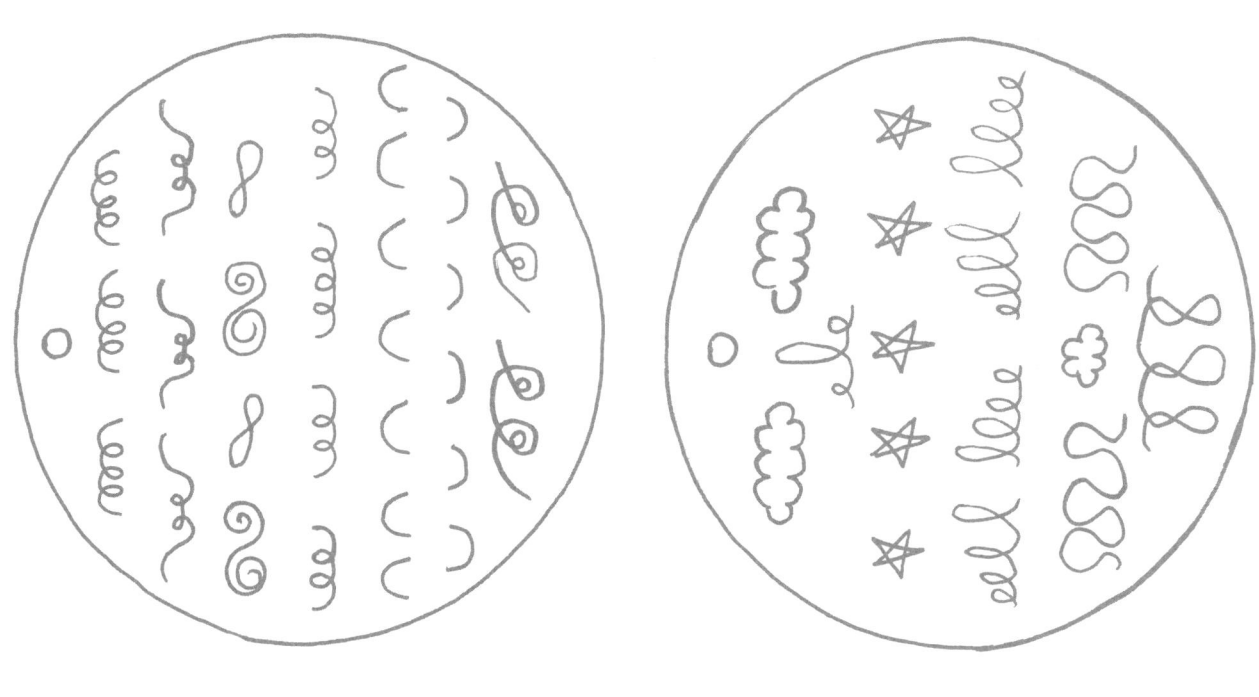

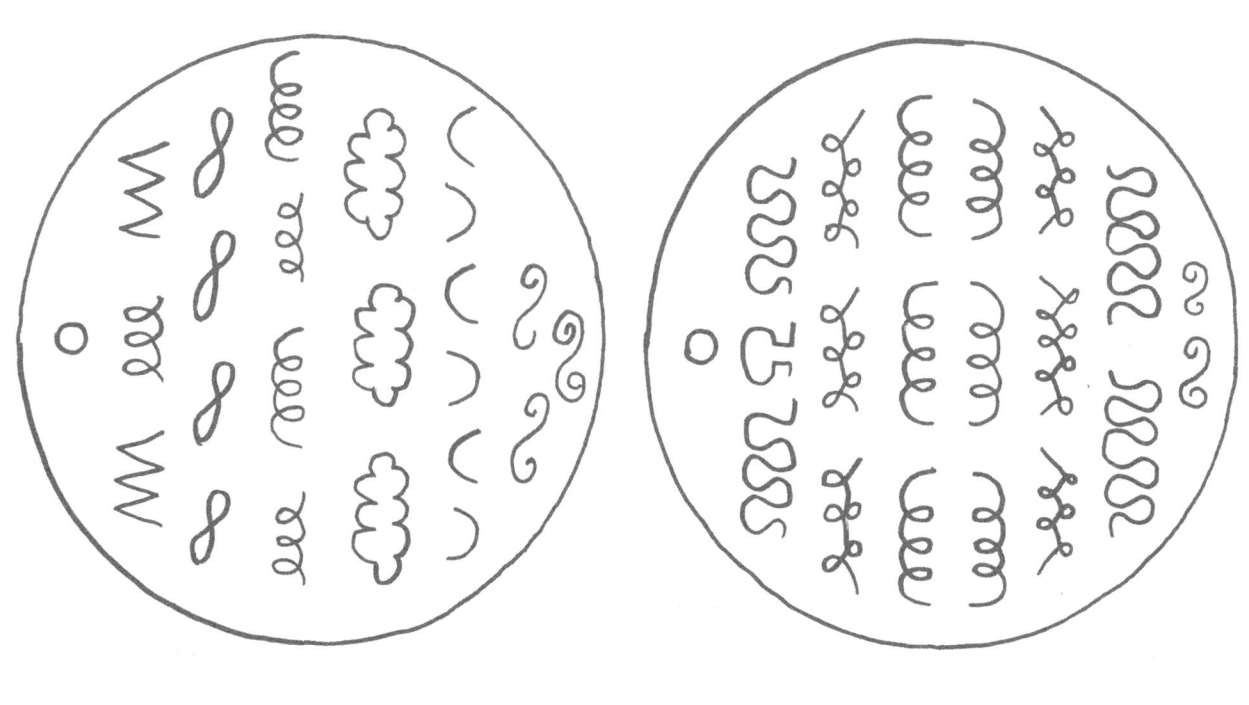

Übungsblätter zum Schneiden

1.

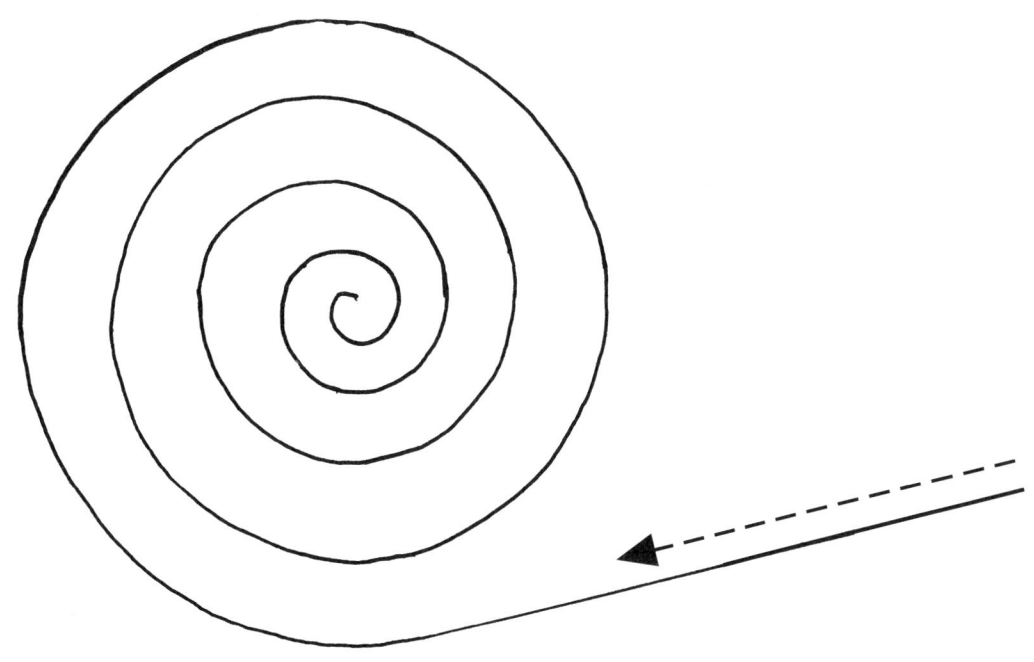

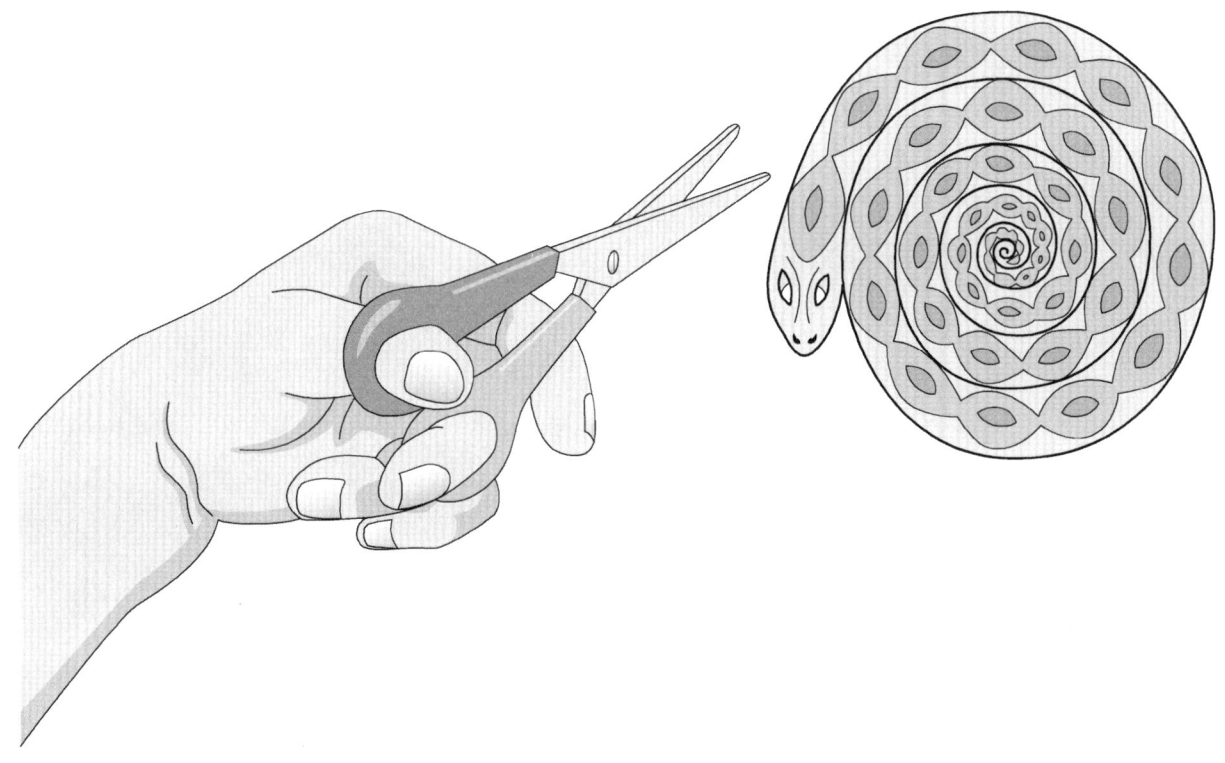

3.

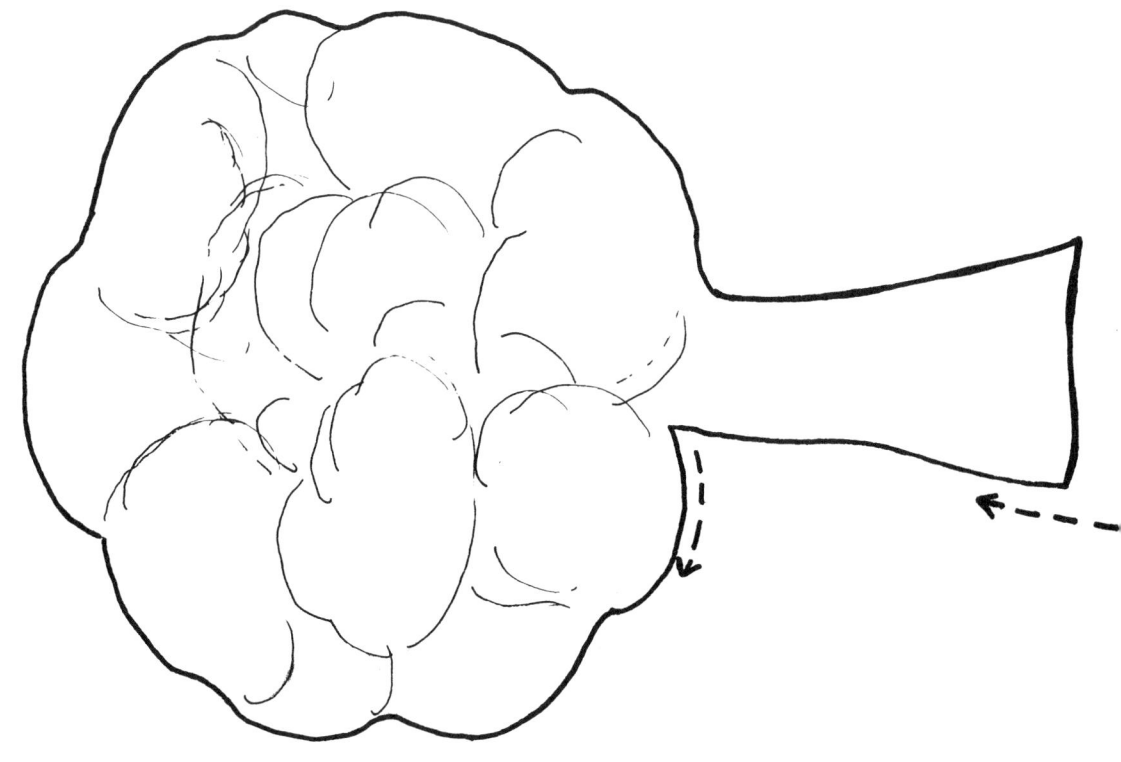

2.

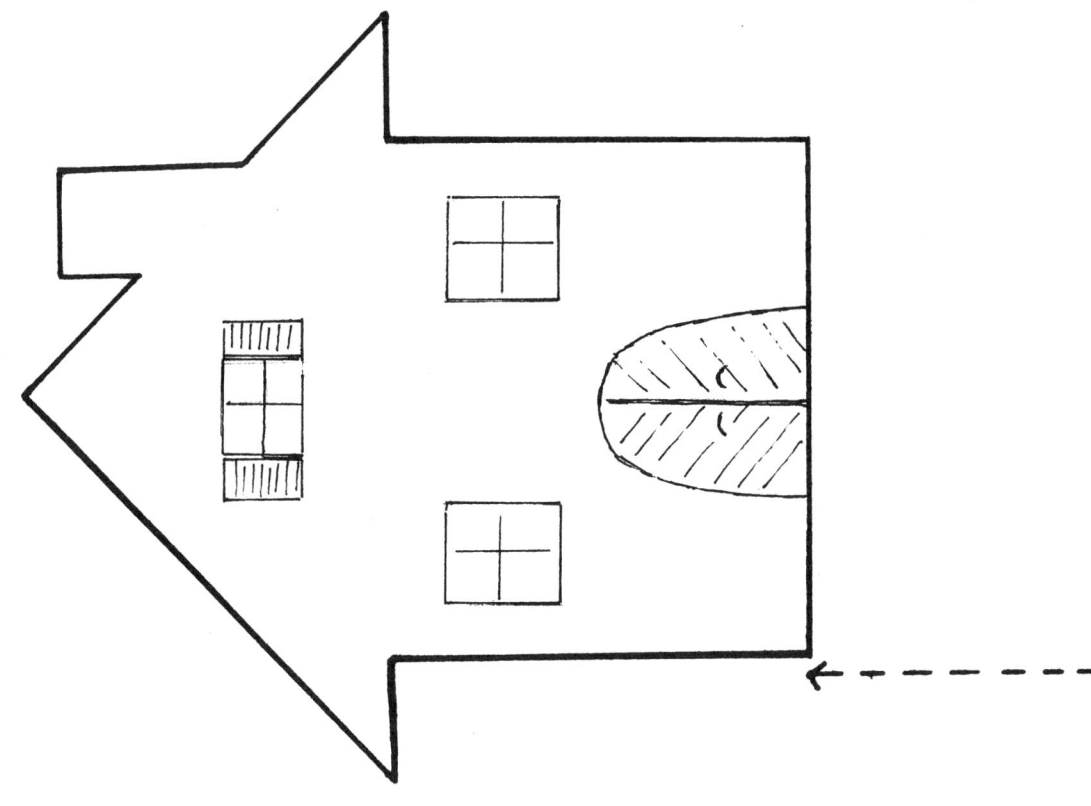

5.

4.

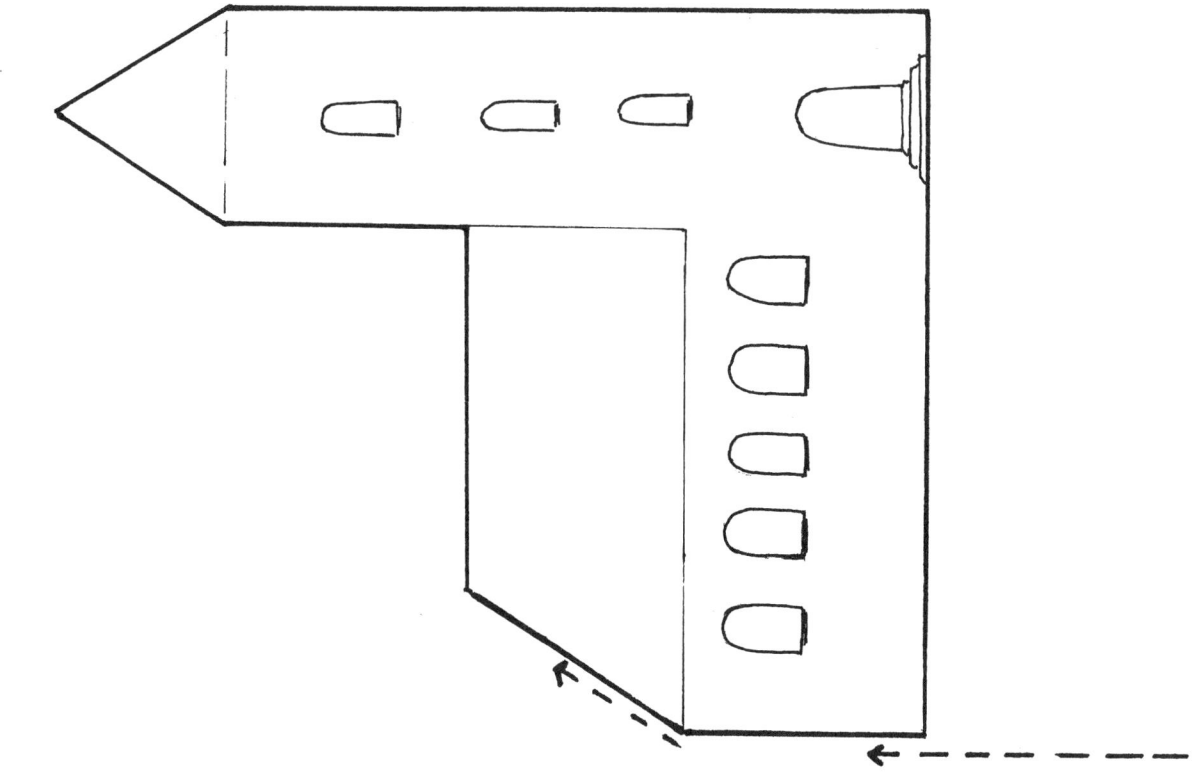

7.

6.

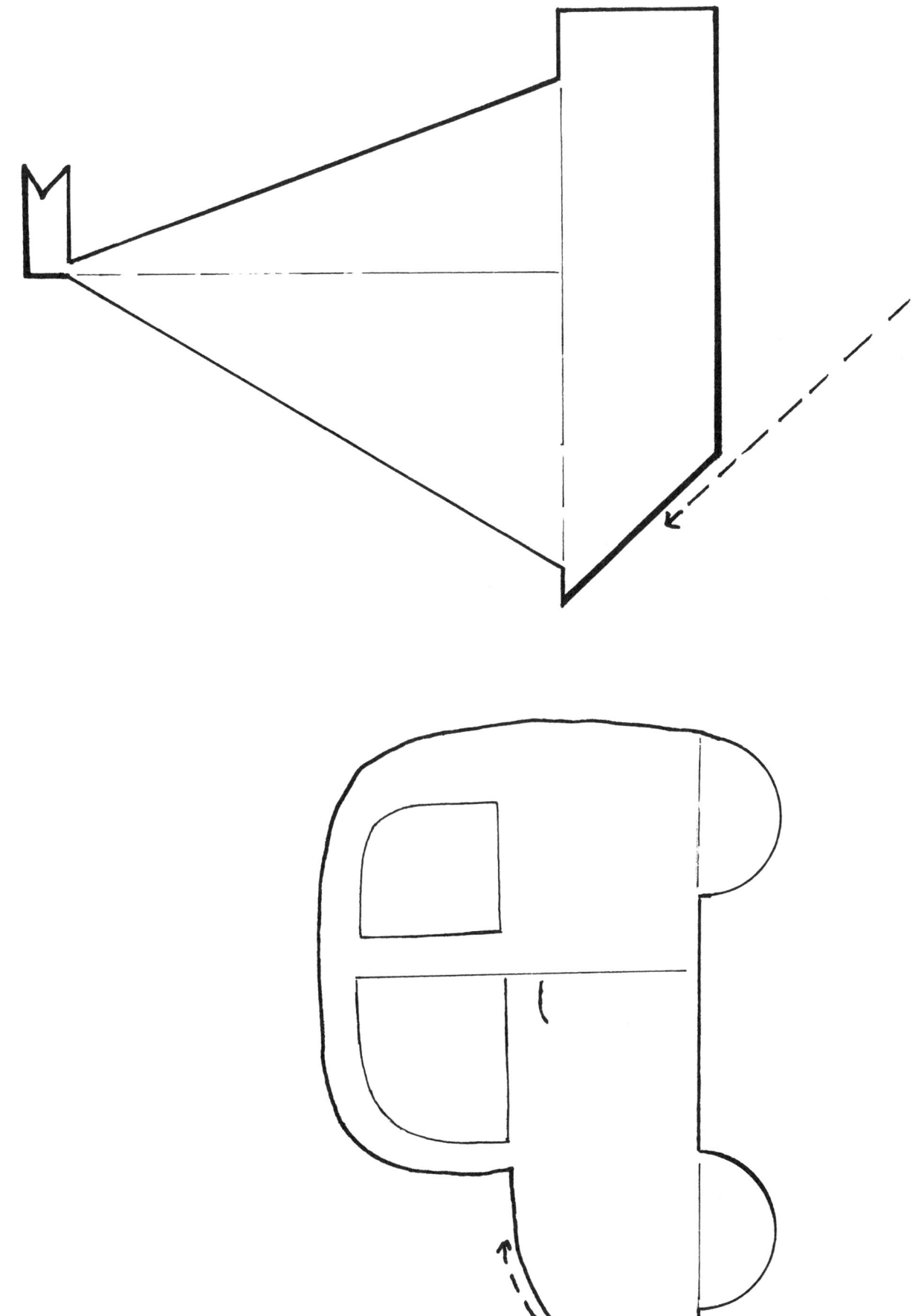

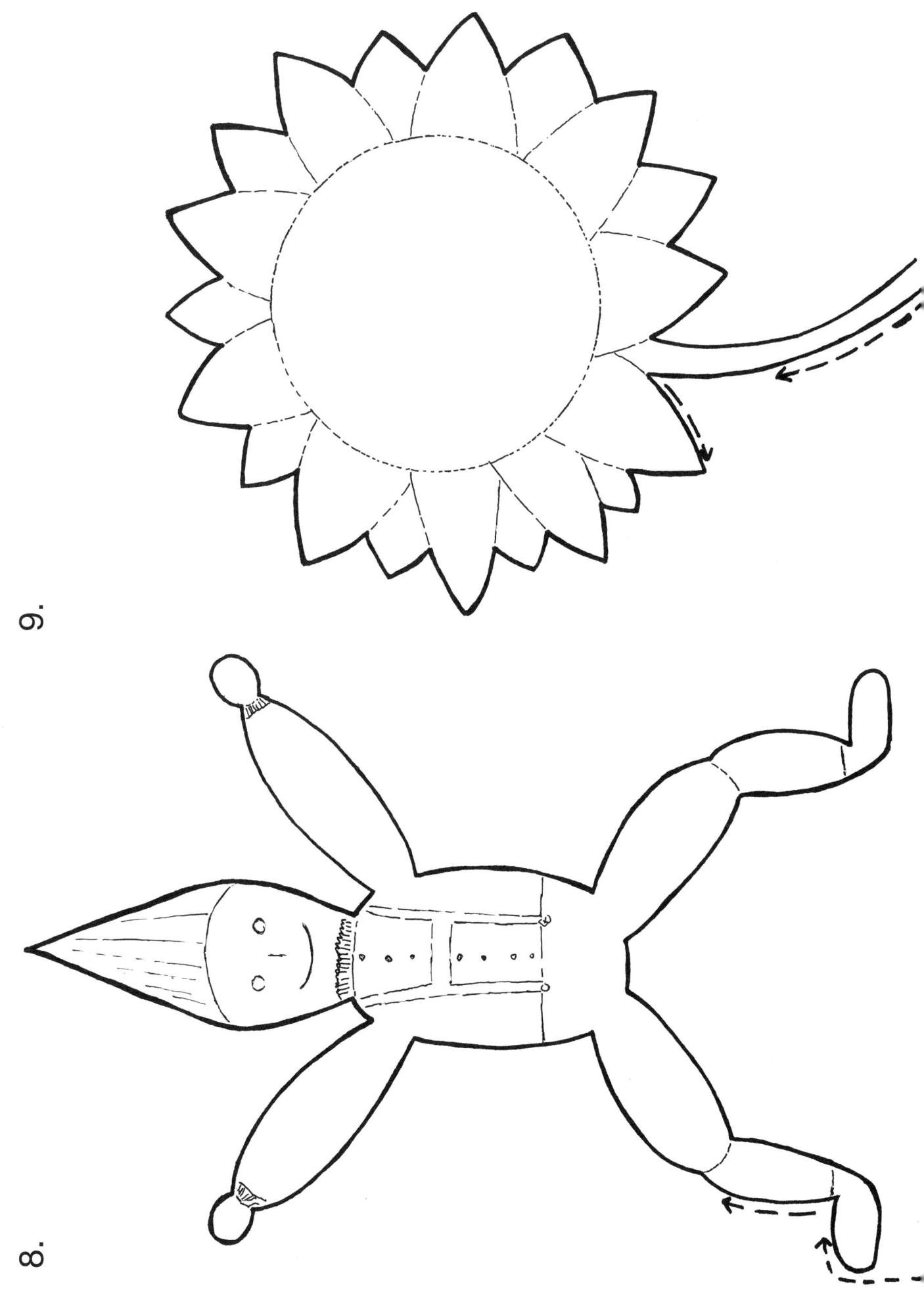

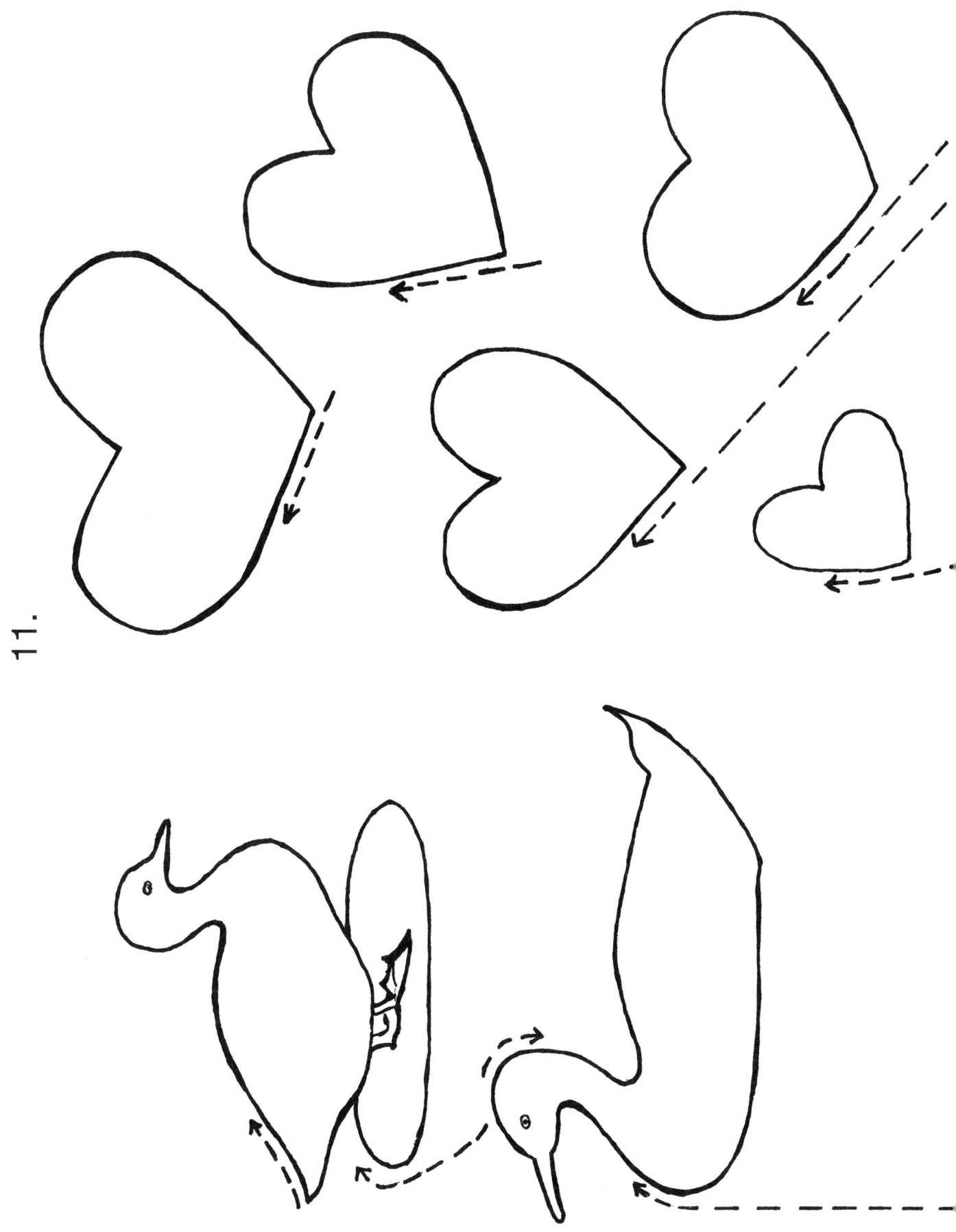

Anwendungshinweise zum Einüben einer lockeren Mal- und Schreibhaltung mit links

Schreibunterlagen-Block für Linkshänder aus Papier mit geringem Neigungswinkel in DIN-A2-Größe

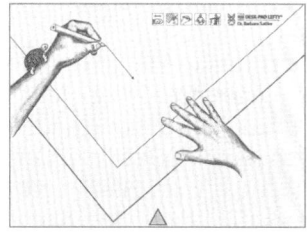
Schreibunterlagen-Block für Linkshänder (DESK-PAD LEFTY®) aus Papier mit größerem Neigungswinkel in DIN-A3-Größe

Schreibunterlage für Linkshänder aus Kunststoff mit geringem Neigungswinkel in der Größe 530 x 400 mm für Schultisch und zu Hause

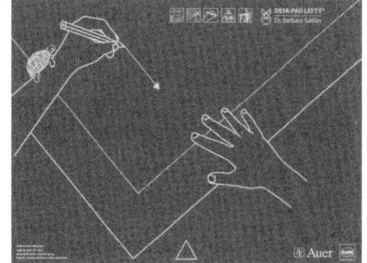
Schreibunterlage für Linkshänder (DESK-PAD LEFTY®) aus Kunststoff mit größerem Neigungswinkel in der Größe 530 x 400 mm für Schultisch und zu Hause

1. Schreibunterlage für Linkshänder

Zum Einüben einer lockeren, unverkrampften Schreibhaltung bei linkshändigen Kindern wurde in den 90er-Jahren eine Schreibunterlage in der Größe 530 x 400 mm entwickelt, die dem Buch „Übungen für Linkshänder. Schreiben und Hantieren mit links" in Originalgröße beigelegt ist und dort ausführlich beschrieben wird[1].

Diese Schreibunterlage, die bald auch als Block und als Kunststoffauflage herauskam, entstand aus der Erfahrung, dass linkshändige Kinder bis heute selten angemessene Vorbilder finden, um von Anfang an eine gute Lage des Hefts und der rechten Haltehand am Papierrand zu erlernen[2]. Oft orientieren sie sich mit ihrer Heftlage an der Art, wie sie diese bei rechtshändigen Kindern beobachten, oder sie ahmen Linkshänder nach, die in der sogenannten, eigenartig verkrampft wirkenden, Hakenhaltung „von oben" schreiben.

Damals wurde eine leichte Schräglage der Blattneigung nach rechts gewählt. Inzwischen ist aber deutlich geworden, dass eine stärkere Neigung der Blattlage für Linkshänder durchaus geeignet ist und auch Pädagogen sind offen, diese Haltung bei linkshändigen Kindern zuzulassen und zu unterstützen. So wurde die neue Schreibtischauflage DESK-PAD LEFTY® entwickelt und in Kindergruppen ausprobiert. Diese stärkere Blattneigung fördert einerseits eine ergonomisch bequeme Körperhaltung beim Schreiben und andererseits wird das Verwischen der Tinte noch mehr vermieden als bisher. Das Kind kann zudem besser sehen, was es schreibt. Allerdings muss diese Haltung von Anfang an eingeführt werden und zwar möglichst schon zu Beginn der Betätigung mit dem Stift zu Hause und dann unbedingt auch im Kindergarten. Dann gewöhnen sich linkshändige Kinder frühzeitig an diese Haltung und müssen später nicht umlernen.

Für linkshändige Kinder, die erst zu Schulbeginn mit der Schräglage des Blattes konfrontiert werden, ist zunächst die schwache Neigung zu empfehlen. Der stärkere Neigungswinkel nach rechts, der zwar ergonomisch günstiger ist, sollte nur behutsam angeboten werden. Manche Kinder reagieren sehr sensibel auf eine Änderung der Blattlage und das kann sogar bis zu körperlichen Reaktionen führen[3].

Beide Schreibunterlagen ermöglichen auch erwachsenen umgeschulten Linkshändern, die sich auf die linke Hand zurückschulen möchten, sich leichter auf die geänderten visumotorischen Abläufe einzustellen

---

[1] Sattler, Johanna Barbara, Übungen für Linkshänder. Schreiben und Hantieren mit links. Auer Verlag, Augsburg, 1996, 2019 (14). Kapitel 1, S. 13–27.

[2] Der Block ist wie ein großer Tischkalender an der Unterkante geleimt: Sattler, Johanna Barbara, Schreibunterlagen-Block für Linkshänder, Auer Verlag, Augsburg, 1996 (ISBN 978-3-403-0**2926**-7).

[3] Sattler, Das linkshändige Kind in der Grundschule. Erarbeitet im Auftrag des Bayer. Staatsministeriums für Unterricht, Kultus, Wissenschaft und Kunst. Herausgegeben vom Staatsinstitut für Schulqualität und Bildungsforschung. Auer Verlag, Augsburg, 1993, 2024 (19).

und überhaupt erst einmal eine gute linkshandgerechte Handhaltung kennenzulernen[1]. Die Blattneigung sollte allerdings kontinuierlich, Stück für Stück verstärkt werden und das Blatt nicht abrupt auf die vorgegebene Neigung gedreht werden.

2. Nachspuren zum Erlernen der Schreibhaltung[2]

Das lustbetonte Nachspuren unterschiedlicher Muster eignet sich besonders gut zur Gewöhnung an die Schriftrichtung von links nach rechts[3]. Das linkshändige Kind übt und lernt dabei die linke Hand *unter* den Mustern zu halten, die es mit einem Stift nachfährt (also genau wie später unter der Schrift), und mit der linken Hand gleichmäßig nachzurücken.

Auf den Vorlageblättern findet man entsprechende Vorschläge. Die Übungsblätter sind bewusst mit der Hand gezeichnet und daher teilweise unregelmäßig, um Misserfolgserlebnisse bei Kindern aufgrund der Perfektion der Vorlage auszuschalten. Überforderung und Zwang sind aber auch dabei unbedingt zu vermeiden.

Mit einer DIN-A5-Nachspurvorlage übender Junge. Das Blatt liegt an dem auf der Schreibunterlage markierten Winkel an. Der sechsjährige Junge kann diese Blattgröße gut bewältigen.

Die nachspurende linke Hand liegt unter der Zeile, die rechte Hand stört nicht.

Bei den Nachspurübungen soll das Kind spielerisch die vorgegebene Linie, z. B. mit einem weichen farbigen Stift, nachfahren, und der Handballen soll an den Stellen, an denen das Muster unterbrochen wird, unter der Zeile nachrutschen[4].

Zunächst sollte mit DIN-A5-Blättern geübt werden. Dabei sieht das Kind die Anlegelinien auf der Schreibunterlage und die richtige Lage der rechten Hand.

Es geht, wie gesagt, bei diesen auf die Angewöhnung einer guten Schreibhaltung zielenden Übungen *nicht* um die Entwicklung einer Kunstfertigkeit oder die Anregung der Kreativität, *nicht* um Perfektion oder Schönheit, sondern *nur* um die Schreibhaltung, also eine ergonomisch sinnvolle Hand- und Stifthaltung und Blattlage für das linkshändige Kind. Nur diese sollen von einem möglichst anfangs immer daneben sitzenden Elternteil oder Erzieher gelobt und unter Umständen belohnt werden (siehe dazu Kapitel 5: Positive Verstärkung durch Belohnung).

Auch sollen die Nachspurübungen nur freiwillig von dem Kind durchgeführt werden, nicht als strenges Muss oder gar als Strafe.

Übungsdauer

Für viele Kinder ist eine Übungszeit von zehn Minuten bis zu einer Viertelstunde am Tag ausreichend und oft bereits körperlich und psychisch erschöpfend, denn das konsequente Beachten der verschiedenen Vorgaben, auch unter liebevoller Kontrolle eines Erwachsenen, strengt sie trotzdem sehr an. Hier kann aber auch das vorgeschlagene Belohnungssystem (Kapitel 5) Anreiz und Hilfe sein.

Übungen mit größeren Papierformaten

Nachdem das Kind mit der DIN-A5-Blattgröße zurecht kommt, können die großen DIN-A4-Blätter ein-

Kind übt mit DIN-A4-Format: Das Blatt ist über den markierten Winkel hinaus nach rechts geschoben, nur oben schaut der senkrechte Markierungsstrich heraus.

---

[1] Sattler, Übungen für Linkshänder. Kapitel 1.1, S. 13 f.
[2] Sattler, Übungen für Linkshänder. Kapitel 4.2–4.4, S. 39–52.
[3] Ebenda, S. 39/Kapitel 4.2 sowie Hinweise zur Spiegelschrift, Kapitel 4.1, S. 38. Siehe auch Sattler, Das linkshändige Kind in der Grundschule. S. 41 ff.
[4] Genaue Beschreibung und Bebilderung in: Übungen für Linkshänder. Kapitel 4.2, S. 39–43.

Übung mit DIN-A4-Format: Das Blatt liegt an dem auf der Schreibunterlage markierten Winkel an, der für die Größe der jungen Frau gerade richtig ist, sodass sie bequem nachspuren kann.

gesetzt werden (Blattnummer 11–16)[1]. Das Gleiche gilt für Erwachsene.

Es ist wichtig, dass auch mit dieser Blattgröße geübt wird, denn in der Schule werden beide Größen benutzt, und das Kind sollte dann schon an die entsprechende Blatt- und Handlage gewöhnt sein, um sie auch richtig auf Schulhefte anwenden zu können. Das *Nachrücken* ist deshalb so wichtig, weil beim Schreiben mit der linken Hand diese nachrutschen muss, während beim Schreiben mit der rechten die Hand weggezogen wird[2].

Ergänzende Übungen: Schneiden mit links

Als Übung der Geschicklichkeit der linken Hand dient auch das Ausschneiden der verschiedenen Formen und Bilder. Es ist wichtig, rechtzeitig das Schneiden mit dem Kind zu üben, um spätere Anpassungsschwierigkeiten zu vermeiden[3].

3. Freude – eine unerlässliche Notwendigkeit für den Erfolg

Wichtiger Hinweis: Es ist nicht gemeint, dass die linkshändigen Kinder mit diesen Nachspurübungen nachhaltig trainiert werden sollen und ihnen somit manchmal schon vor Beginn der Schule der Spaß an diesen Tätigkeiten genommen wird. Beabsichtigt ist eine Hilfestellung zu geben um das vermeidbare spätere Verwischen der Tinte und die verkrampfte Handhaltung zu verhindern.

Die Übungen sollten also spielerisch durchgeführt werden, vielleicht mit nur dazu benutzten weichen, besonders schönen Buntstiften. Wachsmalkreiden sind nicht zu empfehlen. Sie sind zu dick im Strich, zu kurz und liegen nicht so in der Hand wie Buntstifte und später der Füller[4].

4. Nachspurübungen bei der Rückschulung von erwachsenen umgeschulten Linkshändern

Heute gibt es immer mehr Menschen, die – umgeschult als Kinder – im Erwachsenenalter erwägen, wieder mit der linken Hand zu schreiben. Diese Entscheidung sollte gut durchdacht werden, denn nur manche Menschen sind damit erfolgreich[5].

Nur einige umgeschulte Linkshänder schaffen es, gleich von Anfang an und vor allem in ausreichender Schnelligkeit mit der linken Hand zu schreiben.

Wer sich anfangs mit der neuen Blattlage unwohl fühlt, sollte zunächst eher Nachspur- und Schwungübungen machen und dann langsam zu einzelnen Buchstaben und Wörtern übergehen.

Für viele kann auch die Schreibunterlage für Linkshänder von Beginn der Rückschulung an eine Hilfe sein, da sie sich so langsam mit der meist *ungewohnten neuen Blattlage* für die linke Hand vertraut machen können[6].

5. Positive Verstärkung durch Belohnung – Der Zauberbaum

Positive Verstärkung, also Lob, hat pädagogisch eine weit größere Wirkung als Kritik und Tadel. Daher wird hier ein Belohnungssystem vorgeschlagen, das sich durch die Belohnung mit Früchten aus dem sibirischen Märchen „Der Zauberbaum" ergibt.

Das Märchen soll dem Kind vorgelesen werden, damit es den Zusammenhang mit den Fruchtstückchen und den ganzen Früchten auf den Übungsblättern versteht.

Man kann die Verstärkung auch variieren, indem für eine bestimmte Anzahl von Fruchtstückchen und ganzen Früchten mit dem Kind zuvor eine Belohnung fest ausgemacht wird, zum Beispiel ein Ausflug, eine Süßigkeit, schwimmen gehen oder andere Dinge und Tätigkeiten, die das Kind erfreuen und die pädagogisch vertretbar sind.

Wichtig dabei ist, dass diese Belohnung auch eingehalten bzw. durchgeführt wird (am besten schreibt man sich das auf) und dem Kind nicht willkürlich wieder aberkannt werden kann, weil es vielleicht andere vereinbarte Pflichten nicht erfüllt hat. Dadurch würde die Belohnung ihren Sinn verlieren und das Kind enttäuscht, möglicherweise kann es die Lust an den Übungen sogar ganz verlieren.

---

[1] Genauere Beschreibung und Anleitung in: Übungen für Linkshänder. S. 39–43.
[2] Weitere Hinweise in: Übungen für Linkshänder. S. 42.
[3] Weitere Hinweise in: Übungen für Linkshänder. S. 70 ff.
[4] Weitere Hinweise in: Übungen für Linkshänder. S. 43 f.
[5] Sattler, Johanna Barbara, Der umgeschulte Linkshänder oder Der Knoten im Gehirn. Auer Verlag, Donauwörth, 1995, 2024 (15), S. 142 ff.
[6] Weitere Hinweise in: Übungen für Linkshänder. S. 26 f.

DER ZAUBERBAUM
Sibirisches Märchen

In den Weiten der nördlichen Mitte Sibiriens, wo die Taiga immer mehr in die Tundra übergeht, leben nur wenige Menschen. Die Natur ist hier ursprünglich wie vor Tausenden von Jahren. Wunderschön in ihrer Eigenständigkeit, aber für uns Menschen sehr rau. Auch Tiere müssen äußerst widerstandsfähig sein, wenn sie dort überleben wollen, und der lange, kalte sibirische Winter lässt immer die Frage offen, ob man ihn überhaupt übersteht.

So wird das Leben hier auf eine eigenartige Weise spannend, und man genießt jeden Tag, um den man nicht kämpfen muss, gleichgültig ob Jäger oder Gejagter, Sammler, Züchter, Holzverarbeiter und was alles hier zwischen Tieren und Menschen an Berufen und Lebensarten verteilt ist.

Der lange, kalte sibirische Winter lässt dann schlagartig eine Natur für kurze Zeit aufblühen, die überschäumt von kräftigen, satten Farben und Düften, strahlt und summt und die sich vor allem bewegt. Das betrifft nicht nur die Pflanzen im Wind und die Tiere, sondern auch die Erde selbst bewegt sich. Sie ist feucht bis in große Tiefen, moorig mit riesigen Torflagern, in die abgestorbene Pflanzen in Tausenden von Jahren immer tiefer unter die Oberfläche versunken sind und sich ohne Luft in brennbare, kohlenähnliche Stoffe umgewandelt haben. Das ist ein Prozess, der überall auf der Erde stattgefunden hat, nur dass er heute meistens in Teilen der Kontinente vor sich geht, wo die Menschen ihn nicht stören, weil hier der Winter überwiegt, ob das nahe der Antarktis ist, im südamerikanischen Patagonien oder im nordamerikanischen Kanada und Alaska oder in Europa im nördlichen Schweden, Norwegen oder Finnland, vor allem aber in Sibirien. Dieser Prozess läuft und wird immer laufen, weil es hier für die meisten Menschen zu unwirtlich ist lange Fuß zu fassen.

Die Leute, die in Sibirien leben, sind von verschiedenstem Ursprung. Es sind Eskimos, aber auch Nachkommen von Aussiedlern, Verbannten und Geflüchteten, aus welchen Teilen Russlands auch immer, sogar manche entschlossene Menschen aus den verschiedensten europäischen Ländern haben hier Ruhe und Frieden vor ihren Verfolgern und Peinigern gefunden, ebenso wie aus vielen Staaten Asiens. Die Bevölkerung nennt sich stolz Sibirjaks, Rassen, Religionen, völkische Zugehörigkeit ignorierend, sie sind einfach Sibirjaks, denn Sibirien hat sie nach ihrem Bild geformt, und manche sogar schon über Generationen hinweg.

Der Sommer kann sehr heiß werden in diesem kontinentalen Klima, das sich durch große Kontraste auszeichnet, und dann herrscht hier ein buntes, schnelles Treiben, untermalt durch das hohe C der in zittrigen, flüchtigen Wolken ihre komplizierten Hochzeitstänze übenden Mücken. Was die Bäume betrifft, gibt es vor allem Birken, dann einige Nadelbäume wie Fichten und Tannen. Blätterbäume allerdings vegetieren meistens nur so vor sich hin, und überall gibt es Moos und die verschiedensten Flechten, die sehr farbenprächtig sein können.

Hier lebte Alexander, ein Mann von unbestimmtem Alter, mit einer von den Wettereinflüssen gegerbten Haut, irgendwie knorrig, wie alle die Pflanzen um ihn herum und ebenso widerstandsfähig.

Aber niemand nannte ihn Alexander, wie er getauft worden war, sondern Aljoscha. In manchen Dokumenten stand Alexej, und die ihm ganz nahe stehenden Menschen nannten ihn Ljuschka, schon seit der Zeit, in der er als Bub Pilze und Waldfrüchte sammelte, und man war an seine Wortkargheit und seine Bevorzugung der träumerischen Einsamkeit gewöhnt.

Aljoscha beherrschte viele Berufe und übte an sich doch keinen aus. Im Sommer wurde er von den Bewohnern des Bezirks für seine Arbeit als Torffeuerwächter bezahlt. Allerdings wurde er meist mit Naturalien entlohnt.

Aus den verschiedensten Gründen konnte nämlich in der kurzen Zeit der sengenden Hitze und starken Sonnenstrahlen im Sommer der Torf Feuer fangen. Das war ein eigenartiges Feuer. Es brannte nicht mit lodernden Flammen, sondern blieb versteckt, geheimnisvoll und heimtückisch verborgen, verriet sich aber dem aufmerksamen Beobachter durch nebeligen Rauch, der gespenstig aus verschiedenen Stellen des Bodens herausquoll. Die Erde selbst brannte.

Tief unter der Oberfläche frisst sich die Glut durch das alte Torflager, wo das Moor ausgetrocknet ist, und man sieht plötzlich Bäume ohne ersichtliche Ursache umfallen, wie durch die unsichtbare Hand des Todes ihres Wurzelhaltes beraubt. So ein Feuer kann gefährlich sein und die Natur erholt sich von einem Torffeuer nur sehr langsam und schwer. Aus diesem Grunde müssen Menschen zu Hilfe kommen und das ist seit Jahrhunderten so. Meist kommen sie mit Spaten und Spitzhacken, weil nach wie vor in dieser moorigen Landschaft kein schweres Fahrzeug oder Gerät zu benutzen ist. Dann graben sie tief, um den Weg des Feuers zu unterbrechen, denn eine offene Stelle, die durch das Graben entsteht, kann nicht durch das schwelende Feuer überwunden werden. Es braucht enge Berührung mit dem Torf.

Im Winter schnitzte Aljoscha aus altem, in der Taiga gefundenem Holz Figuren und fertigte ganze hölzerne Bilder an. Auch Ikonen hatte er schon geschnitzt und manche gelangten auf verschlungenen Wegen bis in die Großstädte und wurden teuer als Werk eines unbekannten Volkskünstlers verkauft. Aber von diesem Geld hatte Aljoscha nichts. Er bekam meistens nur so viel, dass er überleben konnte, aber trotzdem war er glücklich. Er bewunderte die Pflanzen, wie sie ununterbrochen still und zäh um ihr Leben kämpften und gleichzeitig Leben ermöglichten.

Ebenso wie Aljoscha kein Lebewesen tötete – man munkelte sogar, dass er mit den Wölfen und Bären spreche und mit den Vögeln zwitschere – konnte er es nicht ertragen, wenn er eine Pflanze leiden sah, gebrochen von einem Tier auf der Flucht, vom Unwetter oder sogar durch Menschenhand, mit angeknickten Zweigen. Daher hatte Aljoscha immer ein Stück Bast bei sich, und in einer ähnlichen Art, wie man im Garten Ästchen auf den Stamm von anderen

Bäumen aufpfropft um sie zu veredeln, heilte er die gebrochenen Bäume und Büsche, indem er die wunde Stelle zusammenband, von außen mit Bienenwachs bestrich und, wenn es notwendig war, auch eine hölzerne Schiene befestigte, wie bei einem gebrochenen Bein. Das brachte ihm den Namen „Baumdoktor" ein. Die Leute lächelten darüber, aber Aljoscha ging seiner Wege und war zufrieden. Immerhin war der Kosename Baumdoktor besser als Bärenfresser, wie sie seinen Pelztiere jagenden Nachbarn riefen, oder Honigsäufer, wie ein anderer genannt wurde, der aus wildem Bienenhonig ein berauschendes Getränk bereitete.

So verging die Zeit in Jahren, die Aljoscha nicht zählte, und einmal im Frühling auf dem Weg durch die gerade wieder explosionsartig erwachende Natur, als noch viel Schnee auf dem Boden lag und Aljoscha etwas wehmütig an seinen Kühlschrank dachte, den er mit dem dahinschmelzenden Schnee verlor, kam er zu seiner Nordeiche.

Es war ein eigenartiger, krummer und verknorrter Baum, der Aljoscha immer mit magischer Kraft anzog. Er hatte immer ein Gefühl, als wollte ihm der Baum etwas sagen, durch die Bilder, die in seiner von Wind, Kälte und Hitze rissigen Rinde eingraviert waren, als würde er durch diesen Zauber zu ihm sprechen, und er hielt sich im Sommer gern in seinem Schatten auf, und im Winter versteckte er sich oft unter den Ästen in einer Schneehöhle.

Der Kühlschrank von Aljoscha war übrigens ein abgestorbener Baum vor seiner Semljanka, einer Blockhütte, die zum Teil in die Erde eingelassen war, an dem Aljoscha seine eigenartige, aber hervorragend schmeckende Suppe aus Pilzen, wilden Beeren und zerdrückten Nüssen aufhängte.

Ja, wirklich, aufhängte. Er kochte die Suppe in einem Kessel, dann ließ er den Kessel draußen stehen mit einem Stück Schnur darinnen, und die Suppe fror ein. Dann klopfte er sie vorsichtig aus dem Kessel in einem Stück heraus und hängte sie mit der Schnur an den Baum. Das funktionierte immer, allerdings nur so lange, bis ein hungriger Bär diesen Kühlschrank entdeckte, und oft stand dann Aljoscha traurig vor den kümmerlichen Resten seiner Speisekammer.

Aljoscha kam jetzt also zu der Eiche, betrachtete sie und setzte sich auf eine knorrige Wurzel, die fast die Form einer Bank hatte, so wie sie aus der Erde herausragte. Er lehnte sich etwas zurück und schlief kurz darauf ein. Und dann hatte er einen eigenartigen Traum, halb Wirklichkeit, halb eine Erscheinung, wer kann das sagen.

Ein mächtiges Gewitter zog dabei auf, es donnerte und Blitze zuckten über den Himmel, der kräftige Wind pustete mit wilder Gewalt durch die Äste des Baumes.

Schlief Aljoscha oder hat er das tatsächlich erlebt? Jedenfalls schlug ein Blitz ein, zwar nicht direkt in den Baum, unter dem Aljoscha saß, sondern ein Stück daneben, warum und wieso, bleibt für immer ein Rätsel. Möglicherweise war Aljoscha halb bewusstlos. Jedenfalls sah er an einer knorrigen Stelle des Baumes, die dem Antlitz eines alten Mannes in dem Relief der Rinde ähnelte, plötzlich ein lebendiges Gesicht, das ihn ansprach. Das war das Gesicht des Baumes, etwas ähnlich dem Djeduschka Maross, etwas ähnlich dem Nikolaus, und es sagte ihm, dass er keine Angst haben solle, ihm passiere nichts, der Baum schütze ihn und er sei ein Pflanzendoktor und alle Pflanzen lieben ihn. Dafür solle er belohnt werden. Als Aljoscha erwachte, sah er um sich herum tatsächlich rasch versickernde Wasserlachen und von den schweren Wassertropfen niedergewalzte Gräser. Viele abgerissene Blätter lagen herum. Plötzlich schaute er in seine linke Handfläche und dort lag ein eigenartig geflügelter Samen, etwas ähnlich den Samen, die im Herbst im Wind rotieren und weit von ihrem Ursprungsbaum wegsegeln, aber doch von einer Art, die er noch nie gesehen hatte. Und er wunderte sich auch, wieso er in seiner linken Hand lag, als ob er wüsste, dass Aljoscha ein Linkshänder war. Wie ein Kreuz sah der Samen aus, ein Kreuz aus leichten Blättern, wie kleine, bunte Windmühlenarme oder farbenprächtige Fächerflügel von eifrigen Grashüpfern, und in der Mitte war eine goldglänzende Verdickung, der eigentliche Samen. So etwas hatte Aljoscha wirklich noch nie gesehen und er wunderte sich, woher er gekommen sei, aber dann sagte er sich, dass ihn sicher das Gewitter aus der Ferne herangetragen hatte, und das musste von sehr weit her sein, weil er noch nie einen ähnlichen Samen gefunden hatte.

Aljoscha ging nach Hause und hatte das Gefühl, als ob ihm der Baum zufrieden winkte, wie ein alter Freund, der sich von ihm verabschiedete, nachdem er ihm ein Geschenk überreicht hatte.

Aljoscha kam also heim und pflanzte diesen Samen in seinem kleinen Garten, in dem er die verschiedensten Gewächse hatte, und dann vergaß er ihn wieder.

Aber schon ein paar Tage danach sah er einen Keim sich aus der Erde schlängeln, erst weiß, dann grün, und jeden Tag wuchs die Pflanze schneller und schneller und wurde größer und größer. So etwas hatte Aljoscha auch noch nie erlebt. In einer Woche war das Bäumchen bereits so groß wie er selbst, nach zwei Wochen dreimal so hoch wie der Kamin an seinem Haus und es wuchs zu einem mächtigen Baum in nur diesem einen Sommer. Der Baum wurde sogar größer als die Eiche, ein riesiger Baum, aber zu Aljoschas größtem Erstaunen mit verschiedenen Ästen und eigenartig unterschiedlich geformten Blättern, kleinen und großen, breiten und langen. Es sah so aus, als ob jedes Blatt eine andere Form und Färbung hätte, aber alles passte doch irgendwie harmonisch zusammen. Und dann trieben Knospen aus und erblühten und auch jede Blüte war wieder verschieden, nicht nur von anderem Aussehen, anderer Form, sondern sogar mit einer anderen Farbe und einem anderen Duft.

Von weit her kamen die Sibirjaks um sich den Baum anzuschauen, und sie boten Aljoscha viel dafür, wenn er ihnen einige der schönsten Ästchen abschneiden würde. Schönheit und Duft des Baumes steigerten die Angebote immer höher. Aber Aljoscha, der Baumdoktor, wollte seinem Zauberbaum nicht wehtun und er schnitt sowieso nie Äste von Bäumen aus purem Vergnügen ab.

Damit aber nicht ein paar verwegene Gesellen sich in der Nacht an seinem Baum zu schaffen machten, boten die Kinder der Nachbarschaft an, Wache zu halten und Aljoscha baute aus einer alten Plane und aus Ästen eine kleine Hütte für die Bewacher.

Alle waren neugierig, was weiter geschehen würde. Und die Blüten verloren ihre bunte Pracht und es kam zur Bildung von kleinen Fruchtknollen. Und dann geschah das Wunder. Ebenso wie die Blüten verschieden gewesen waren, war auch das Obst, das dieser Baum trug, verschieden. Es wuchsen auf dem Baum nicht nur verschiedene Äpfel und Birnen, sondern überhaupt das unterschiedlichste Obst wie Zwetschgen, Kirschen und verschiedene Beeren, aber auch Aprikosen und Pfirsiche und sogar südliches Obst, Bananen, Orangen, Mandarinen, Zitronen, Datteln, Feigen und Kokosnüsse. Und dann ganz fremdartiges Obst, wie Mangos, Papayas und weitere fremde Früchte, die man in Sibirien noch nie gesehen hatte, und ganz oben sogar Ananas. Ein Zauberbaum, sagten alle, und von noch weiter her pilgerten die Menschen zu Aljoschas Hütte.

Aber Aljoscha verkaufte kein Obst, sondern er bot den Kindern an, dass sie sich selbst reife Früchte pflücken dürften. Und das war nicht nur als Belohnung zu verstehen und aus Liebe zu Kindern, sondern Aljoscha hatte auch an den Baum gedacht, weil Kinder leicht sind und so keine Äste abbrechen. Sie bewegen sich sehr geschickt und gelenkig, wenn sie nach oben klettern um sich Obst zu holen.

So vergingen Jahre und Jahrhunderte, war das gestern, ist es heute, oder wird das erst morgen sein? Niemand weiß es. Aber der Zauberbaum von Sibirjak Aljoscha bleibt ein Gesprächsstoff in langen, kalten Winternächten, wenn das Feuer im offenen Kamin brennt, das Holz duftet und knistert und von Zeit zu Zeit Funken fliegen wie die bunten Blütenblätter von Aljoschas Zauberbaum.

Liebe Kinder,

auf den Übungsblättern findet ihr einzelne Obststückchen – anfangs sogar nach jeder Zeile – und die ganze Frucht unten auf dem Blatt.

Diese Fruchtstückchen hat Aljoscha für euch bereit gelegt und ihr dürft sie ausmalen, wenn ihr die Muster jeder Zeile und dann des ganzen Blattes in einer Handhaltung nachgemalt habt, ohne mit der Hand über die gerade bearbeiteten Muster gewischt zu haben. Und weil Aljoscha nämlich selbst ein Linkshänder war wie ihr und Kinder besonders mochte, dürft ihr für jedes fertige Blatt eine Frucht auf seinem Zauberbaum ausmalen, bis alle Früchte farbig sind, und wenn ihr möchtet und die Handhaltung und Blattlage gut könnt, dürft ihr auch sein Häuschen, seine Semljanka, und seinen verschneiten Garten mit dem Suppenbaum ausmalen.

Mit lieben Grüßen

die Nachbarskinder von Aljoscha

Anhang

Literaturverzeichnis

Meyer, Rolf W., Linkshändig? Humboldt Verlag, Baden-Baden, 1991, 2007 (9)

Pauli, Sabine, Andrea Kisch, Geschickte Hände. Feinmotorische Übungen für Kinder in spielerischer Form. verlag modernes lernen, Dortmund, 1993, 2011 (12)

Sattler, Johanna Barbara, Das linkshändige Kind in der Grundschule. Erarbeitet im Auftrag des Bayer. Staatsministeriums für Unterricht, Kultus, Wissenschaft und Kunst. Herausgegeben vom Staatsinstitut für Schulqualität und Bildungsforschung. Auer Verlag, Augsburg, 1993, 2024 (19)

Sattler, Johanna Barbara, Der umgeschulte Linkshänder oder Der Knoten im Gehirn. Auer Verlag, Augsburg, 1995, 2024 (15)

Sattler, Johanna Barbara, Übungen für Linkshänder. Schreiben und Hantieren mit links. Auer Verlag, Donauwörth, 1996, 2019 (14)

Sattler, Johanna Barbara, Schreibunterlagen-Block für Linkshänder. Auer Verlag, Augsburg

Sattler, Johanna Barbara, Schreibtisch-Auflage für Linkshänder. (Aus rutschfestem Kunststoff in den Farben Rot, Blau, Grün, Pink) Auer Verlag, Augsburg

Sattler, Johanna Barbara, Die Psyche des linkshändigen Kindes. Von der Seele, die mit Tieren spricht. Auer Verlag, Augsburg, 1998, 2024 (11)

Sattler, Johanna Barbara, Links und Rechts in der Wahrnehmung des Menschen. Zur Geschichte der Linkshändigkeit. Auer Verlag, Donauwörth, 2000 (als Buch und E-Book erhältlich)

Sattler, Johanna Barbara, DESK-PAD LEFTY®, Schreibtisch-Auflage für Linkshänder. Block aus Papier in DIN-A3 und Kunststoffauflage, Auer Verlag, Augsburg in Kooperation mit KUM GmbH, Erlangen

Sattler, Johanna Barbara, Schreibvorübungen für Linkshänder mit Jobasa, Teil 1 und Teil 2, Auer Verlag, Augsburg, Teil 1 2022 (6), Teil 2 2023 (5)

Sattler, Johanna Barbara, Zahlen schreiben für Linkshänder mit Jobasa, Auer Verlag, Augsburg, 2016, 2022 (3)

Auer – Materialien zur Linkshändigkeit

Johanna Barbara Sattler
Schreibvorübungen für Linkshänder mit Jobasa

Band 1	Band 2
48 S., DIN A4	48 S., DIN A4
▶ 06609	▶ 06865

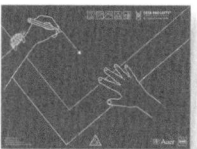

Johanna Barbara Sattler
Schreibtisch-Auflage für Linkshänder, DESK-PAD LEFTY®, mit Übungsheft
53 x 40 cm, mit Übungsheft
▶ 06864

Johanna Barbara Sattler
Schreibunterlagen-Block, DESK-PAD LEFTY®, DIN A3 für Linkshänder
20 Blätter, DIN A3 ▶ 06767

Johanna Barbara Sattler
Zahlen schreiben für Linkshänder mit Jobasa
48 S., DIN A4
▶ 07717

Johanna Barbara Sattler
Das linkshändige Kind in der Grundschule
144 S., 14,8 x 28 cm
▶ 02532

Johanna Barbara Sattler
Das linkshändige Kind – seine Begabungen und seine Schwierigkeiten
72 S., DIN A4
▶ 03491

Johanna Barbara Sattler
Die Psyche des linkshändigen Kindes
328 S., 14,8 x 21 cm
▶ 03091

Johanna Barbara Sattler
Der umgeschulte Linkshänder
384 S., 14,8 x 21 cm
▶ 02645

Johanna Barbara Sattler
Links und Rechts in der Wahrnehmung des Menschen
464 S., 14,8 x 21 cm
▶ 03200

Johanna Barbara Sattler
Übungen für Linkshänder
144 S., 14,8 x 21 cm
▶ 02778

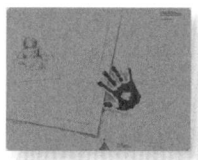

Johanna Barbara Sattler
Schreibtisch-Auflage für Linkshänder
53 x 40 cm, farbiger Kunststoff, rutschfest
▶ 04091 (blau)
▶ 04322 (rot)
▶ 04323 (grün)
▶ 04324 (schwarz)
▶ 04723 (pink)

Bequem bestellen direkt beim Verlag:
Tel.: 0821/5997799-0 | Fax: 0821/5997799-5 | E-Mail: info@auer-verlag.de | Internet: www.auer-verlag.de